Philipp Otto Runge
Scherenschnitte

Herausgegeben

von Werner Hofmann

Insel Verlag

Druck: Paul Robert Wilk, Seulberg
Printed in Germany

»Das Ausschneiden in Papier, woran sich der Kunstberuf unseres R. zuerst am entschiedensten kund gab, hat eine unübersehliche Menge angenehmer Producte zu Tage gefördert, wovon sich fast alles in den Händen lieber Menschen an vielen Orten als Andenken befunden hat oder noch befindet. In allerfrühester Jugend sah er es zuerst der geschickten Hand seiner ältesten Schwester ab, und bald wendete er es in kindlicher Weise und mit auffallender Laune hauptsächlich auf Thiere und menschliche Figuren an, wozu häusliche Ereignisse, die Fabeln und Erzählungen im Wandsbecker Boten u. dgl. den Stoff hergaben, unter anderm hat er so jede einzelne Scene der Ifflandschen Jäger bearbeitet. Eine Art von Nützlichkeit erhielt diese Beschäftigung durch Hervorbringung von zierlichen Leuchterbehängen (s. g. Lichter-Manschetten), auch Kränzen auf Kuchentellern, in Laub und Blumen ausgebildet, und damit hat er bis in sein letztes Lebensjahr so manche Freundin beschenkt; auch mit Ranken zu Stickmustern u. s. w. Besonders weiterhin in Hamburg schnitt er Portrait-Köpfe und Figuren, so wie alles Denkbare, aus, und verstieg sich bis zu den (in Contouren wenigstens) componirtesten Landschaften, kam aber bald auf das eigentlichste Fach für diesen Kunstzweig, die Blumen, worin er, was sich nur als möglich denken läßt, erreicht hat, häufig die feinsten und zärtesten Theile der Blüthen und Pflanzen mit dem edelsten Geschmack nachbildend, was er z. B. auf Spaziergängen gleichsam botanisirend, und den Gegenstand bis zur Wurzel verfolgend, übte; man glaubt fast die

Gewächse sich bewegend und mit ihren Farben zu sehen. Im Besitz seines Freundes Herterich in Hamburg ist eine bedeutende Anzahl solcher Blumenstücke, anfangs zum Aufkleben als Tapetenborde in einem Zimmer bestimmt gewesen. Er fertigte dergleichen in den zerstreuendsten Momenten, sich dabey über jedes andre unterhaltend und das entstehende Gebilde schien sich bey dieser gleichsam plastischen Kunstübung fast wie selbstthätig unter der Scheere in seiner Hand zu bewegen. – Auch einige, glücklich aus Holz geschnitzte Figuren finden sich aus seinem Knabenalter vor.«

Daniel über seinen Bruder Philipp Otto

M. E. Rungen

Vater Runge

1789
Maria Runge

1789
Mutter Runge

1789
Karl Runge

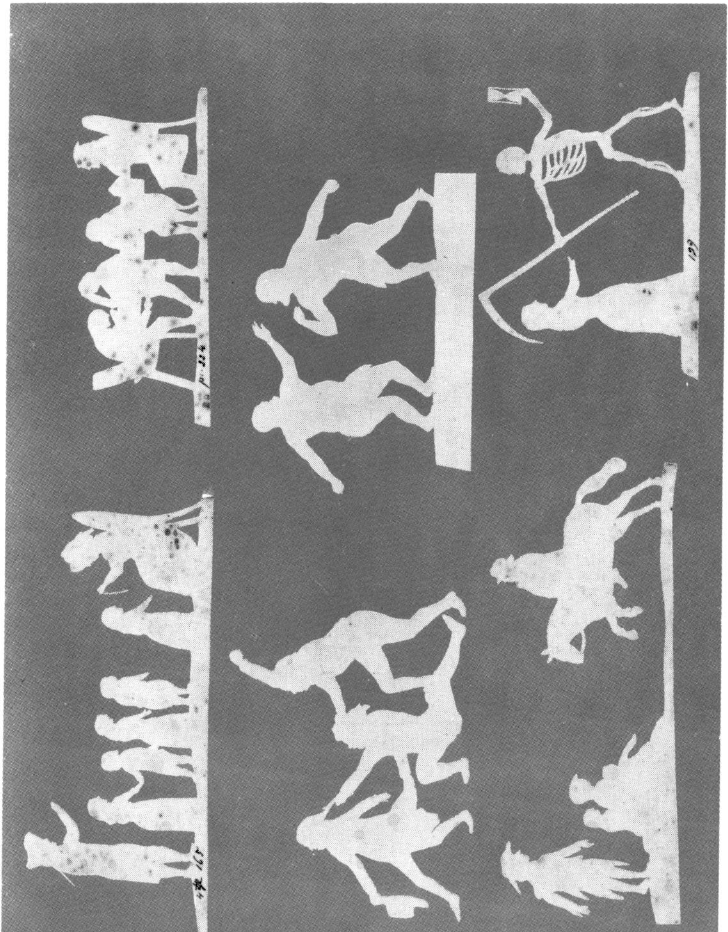

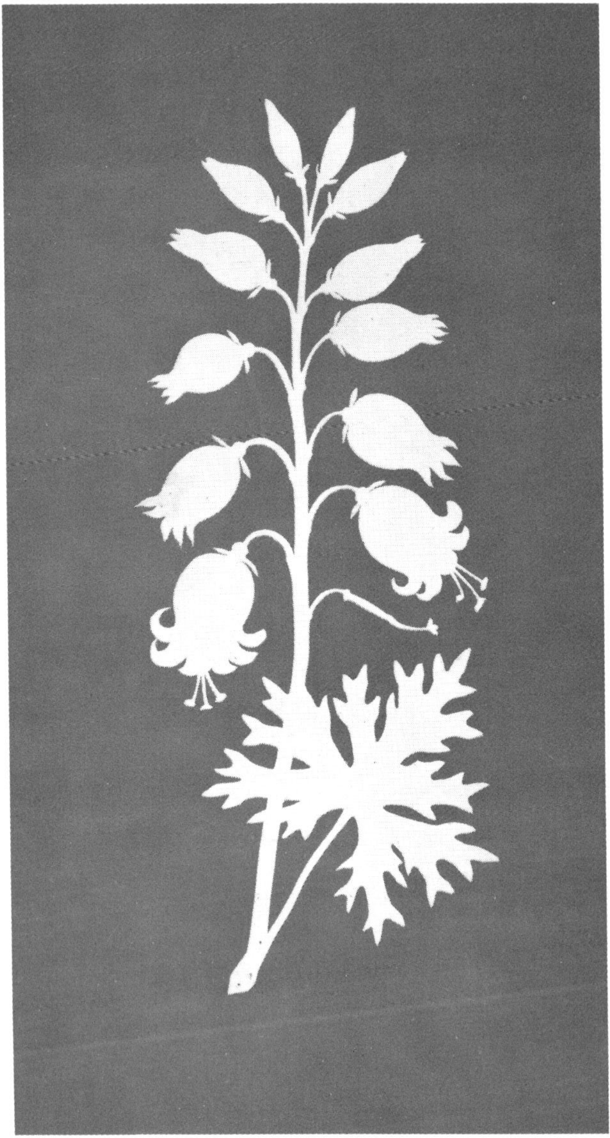

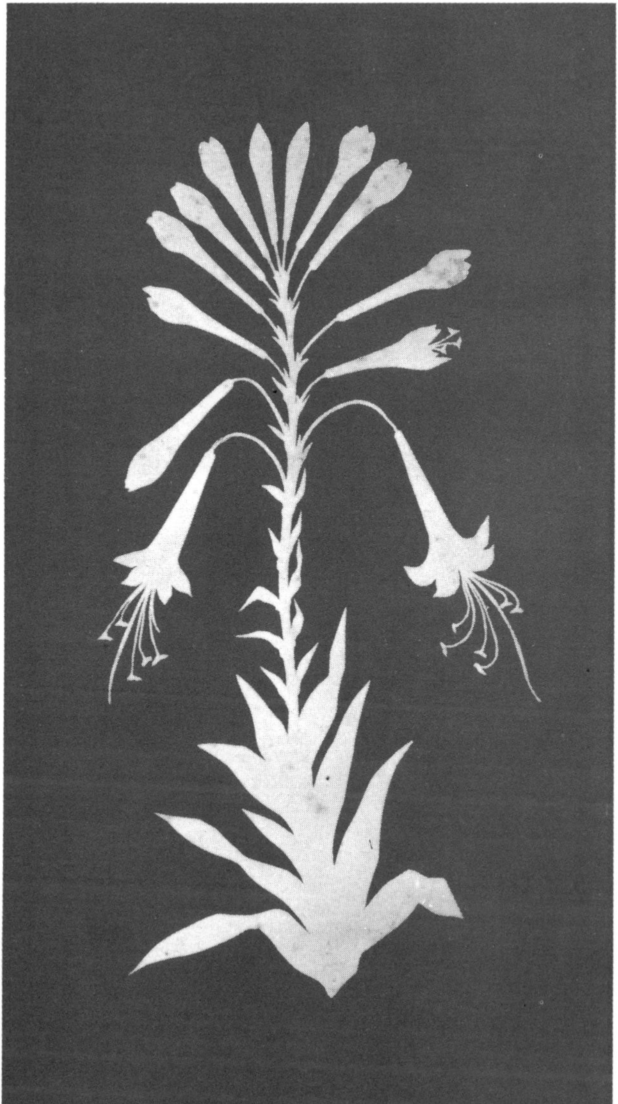

Otto Runge
fec.

Werner Hofmann
Vom Komischen bis ins Unendliche

Runges Tiefsinn, oft gescholten oder mit dem Respekt der Fassungslosigkeit begrüßt, scheint sich wenig mit der Handfertigkeit zu vertragen, die der Bruder Daniel dem Scherenschneider attestiert. Was war das, was da gleichsam »selbstthätig« entstand? Nebenprodukt, Fingerübung oder Gelegenheitsarbeit? Geselliger Brauch oder Würze eines Gesprächs? Diese Fragen gehören in einen größeren Zusammenhang. Wenn als »naiv« im Sinne Schillers der Künstler gelten darf, der Material und Gestaltungsverfahren unreflektiert handhabt, dann fallen Runges Scherenschnitte offenbar in diese Kategorie der Unschuld des Machens. Solange er die Schere handhabt, weiß Runge nichts von dem Konflikt zwischen Konzept und Verwirklichung, den er einmal so darstellt: ». . . ich möchte es gern so klar vor mir haben, daß das Leidige Gemachte daran nicht zu sehen wäre . . .« (II,23)[1]. Das ist die Mühe des Zeichners, sie wird später den Maler Runge begleiten.

Im Scherenschnitt scheinen Absicht und anschauliches Ergebnis miteinander übereinzustimmen, dank einem Gestaltungsmittel, das umweglose und unmittelbare Veranschaulichung erlaubt. So wenigstens sieht es Runge: »Ich wollte doch, daß der Zufall mir statt der Scheere etwas anderes zwischen die Finger gesteckt hätte, denn die Scheere ist bey mir nachgerade weiter nichts mehr als eine Verlängerung meiner Finger geworden, und es kommt mir vor, als wenn bey einem Mahler dies mit dem Pinsel u.s.w. eben so der Fall ist, da er denn mit diesem Zuwachs an seinen Fingern seiner Empfindung und den lebhaftesten Bildern seiner Phantasie nur nachzufühlen braucht«, schreibt der Zwanzigjährige am 25. Dez. 1797 an seinen Freund J. H. Besser (II,4). Indes, ein wenig scheint ihm seine Virtuosität bedenklich, er sucht nach einem Widerstand, um sich zu erproben, und so erwägt er den schwierigen Umgang mit der Malerei, nicht jedoch, um im anderen Medium sich den Zwängen der Distanz zu unterwerfen, sondern um es mit der gleichen Intensität in den Griff zu bekommen: ». . . ehe mir ein andres Werkzeug so anwüchse, da gehörte viel Zeit dazu, und wo ist die zu haben?«

*

Runge mißtraut jeglicher Kunstfertigkeit, auch seiner eigenen, er lehnt Regeln und Rezepte ab. Er will die Gestaltungsmittel ganz und gar erneuern: die »Elemente der Kunst« meint er in den »Elementen selbst« zu finden, diese wieder aus »unserem Innersten« hervorholen zu müssen. Kosmogonie mit Innenschau verspannt, das ist die Achse, an der er sein ungeheures Konzept vorantreiben will, nämlich »die Kunst auf den Punct zurückzuführen, oder von da aus eine Kunst zu begründen, worauf der Grund der ganzen Welt steht«. (II,177)

Wie verträgt sich mit diesem systematischen Ansatz die bescheidene, beiläufige Behendigkeit des Scherenschneiders? Eine erste Antwort auf die Frage nach dem Rang des Scherenschnittes im Gesamtwerk liefert die verbürgte Nachricht, daß Runge die Technik, die er als Knabe handhaben gelernt hatte, bis an sein Lebensende pflegte. Das neue »Werkzeug«, die Malerei, verdrängt also nicht das alte. 1806 schickte er Goethe »einige ausgeschnittene Blumen« und erläuterte in einem Begleitbrief alle Details der Anbringung und Konservierung. Als Gustav Pauli 1916 Runges Zeichnungen und Scherenschnitte veröffentlichte, bildete er von letzteren nur sieben ab, denn er glaubte sie »ohne unmittelbare Beziehung zu seinem übrigen Lebenswerk entstanden«[2]. Hingegen erkannte Lichtwark in Runges Bemerkung über die Schere als Verlängerung der Finger eine zwar noch »naive Kundgebung seines künstlerischen Wesens«, doch auch schon den »Kern der Anschauungen, die er nachher so beredt verfocht ...«[3]. Auf diese hohe Einschätzung greift Jörg Traegers eindringliche Analyse zurück, die mit dem lapidaren Satz beginnt: »Ein Schlüssel zur Beschreibung und zum Verständnis von Runges Stil liegt im Scherenschnitt«[4]. Die wissenschaftliche Bearbeitung des Materials – Bestandsaufnahme, Quellen und Datierung – steht indes noch aus. Unsere Auswahl beschränkt sich, von einer Ausnahme abgesehen, auf den Besitz der Hamburger Kunsthalle. Von den 59 Blättern werden 45 abgebildet, die meisten zum ersten Mal.

*

Bei Runge greift eines ins andere. Er denkt und erlebt in Zusammenhängen, Übergängen, Vertauschungen und Metamorphosen. Diese Aussage zielt genauso auf die materiellen, technischen wie auf die formalen oder inhaltlichen Ebenen, auf Kunstwerke in ihrer Zweckbestimmung oder als Zeichen der Selbstfindung, anders gesagt: auf die angewandte wie auf die »reine« Kunst. Dieses Denken und Handeln in Zusammenhängen gilt auch für die Scherenschnitte und bestimmt deren Stellenwert im Gesamtwerk. Runge sagt einmal, er wolle das »Machen«, dem er die »größere Hälfte« zubilligt, nicht vom »Einsehen« trennen. Das spricht für den

Scherenschnitt, über dessen Gestalt die Handgriffe des »Machens« in hohem Maße entscheiden, denn ein Fehlschnitt läßt sich nicht wiedergutmachen. Nichts weniger als ein Spezialist, stellt Runge seiner Vorstellungskraft die technischen Medien frei. Dafür gibt es viele Belege. Auf den Scherenschnitt bezogen: »Wenn der Zufall statt der Scheere mir auch nur einen Bleystift zwischen die Finger gesteckt hätte, ich euch alle nach der Reihe lieber zeichnen würde, so gegenwärtig seyd ihr mir und werdet es ewig bleiben« (Brief an die Schwester Maria, um Weihnachten 1797, I,3). Runge denkt auf verschiedenen Realisations- und Zweckebenen. Die vier »Zeiten« sind z. B. als Zimmerschmuck, aber auch für einen Sakralraum gedacht, doch notfalls ließen sich daraus »mit Leichtigkeit sehr viele kleinere Sachen hervorbringen«. Er findet auch nichts dabei, die Bildidee der »Urania« auf einen Ofenschirm zu projizieren. Was die Scherenschnitte angeht, nennt Daniel einige Anwendungsbereiche: Tapetenborte, Stickmuster und Leuchtergehänge.
Runge ist überzeugt, in »schönen Zimmerverzierungen« seine »ganze Idee der Kunst« (I,29) auszudrücken – die angewandte Form ist für ihn kein Bedeutungsverlust. Diese Überzeugung schlägt die Brücke zu den Zusammenhängen, die sein Kunstwollen auf der symbolischen Ebene aufsucht. Das Einzelne mit dem Ganzen verknüpfend, nimmt Runge sich vor, »in jedem Ding den Zusammenhang des menschlichen Lebens zu studieren« (II,81), und diese Gewißheit legt er als geistiges Band über die ganze Vielfalt der Erfahrungswelt, selbst wenn der Augenschein jedweden Zusammenhang zu dementieren scheint: »Sieh', wenn ich etwas sehe, es mag nun seyn ein schöner Baum, ein schönes Gemählde, ein schöner See, ein Mädchen, Knabe oder Mann, eine

Säule, Sachen, die gar nicht zusammen zu gehören scheinen, ja ich möchte sagen ein Thier, wenn auch noch so gemein, es ist mir in allem, selbst in einem Stück Holz, bisweilen wie ein Wesen, was allem gleich eigen ist, und worin alles und jedes zusammenhangt, ich weiß nicht, wie ich es nennen soll, ich könnte sagen der lebendige Geist Gottes, der uns aus allem hervorleuchtet.« (II,14)

Der Zusammenhang, für den Runges Kunst- und Weltentwurf eintritt, haftet den Scherenschnitten geradezu als eine Bedingtheit ihres technischen Verfahrens an, denn jedes dieser zarten Gebilde ist ein dingliches Ganzes, nicht nachträglich zusammengefügt, sondern aus einem einzigen Stück Papier hervorgezaubert. Dieses Ganze weist homogene Geschlossenheit auf, anders gesagt: Mensch und Ding, Tier und Pflanze sind gleichartig, das Papier, die prima materia, stiftet zwischen ihnen ein Kontinuum, das Runge für seine fließende Formenphantasie zu nutzen weiß.

Von der Schere bearbeitet, verwandelt sich der Rohstoff Papier in ein »Gebilde«, einen Zwitter aus greifbarer Materie und einer Zeichenqualität, die keine Abbildfunktion erfüllt. Das Papier, als bildsames Material benutzt, ist folglich einer Phantasie angemessen, die im Bilden, im Hervorbringen, nicht im Nachbilden oder Nachahmen, ihre ursprüngliche Betätigung hat. Runge vergleicht das künstlerische Gestaltungsverfahren der Entfaltung der Naturkräfte, beide gehen vom Allgemeinen zum Besonderen, vom Unbewußten zum Bewußten. Er sieht eine Sache zuerst »in großen Massen vor dem Auge«, daraus entfaltet sich ihm allmählich der »Total-Eindruck« (I,48). Im Zuge dieses Klärens und Differenzierens setzen sich die Formglieder voneinander ab und werden eigenständig. Das kann den Zusammenhalt gefährden, wie die großen, geometrisch gestützten Bildideen der »Zeiten« zeigen. Anders der Scherenschnitt: nicht nur ist hier das ganze Papier Gestaltungsanlaß und potentieller Formträger, es verbürgt einmal die Kontinuität des »Total-Eindrucks«, zum andern die locker improvisierte Gestaltenfolge.

*

Damit ist eine Stufengliederung angedeutet und den Scherenschnitten die Basis von Runges Formdenken zugewiesen. Runge selbst scheint in solchen aufsteigenden Zusammenhängen gedacht zu haben. In einem Brief vom 27. April 1799 zitiert er ungenau aus Tiecks Gestiefeltem Kater (1797), um die Schwierigkeiten des »Machens« darzulegen: »Stufenweise steigt der Mensch zur Vollkommenheit empor.« Vom Kunstwerk geht sein Blick auf den Künstler, der nie das Ganze übersehen kann, »was er hat lernen wollen« (II,21). Das Tieck-Zitat lautet richtig so: »Denn stufenweise muß diese Ausbildung vor sich gehen.« Gemeint ist das Publikum, denn der Dichter in Tiecks Stück sieht sich genötigt, die irritierten Zuschauer zu beruhigen und den Gestiefelten Kater als bloße Vorbereitung auf noch »ausschweifendere Geburten« seiner Phantasie zu rechtfertigen. Im Epilog wird er den Verständnislosen vorhalten: »Sie hätten wieder zu Kindern werden müssen.« Vielleicht steckt hier der Anstoß zu Runges berühmtem Wort vom Februar 1802: »Kinder müssen wir werden, wenn wir das Beste erreichen wollen.« Runge war ein eifriger Leser und Bewunderer Tiecks. Zur persönlichen Begegnung, aus der eine Freundschaft wurde, kam es erst im November 1801. Von den geistigen Berührungen der beiden kann hier nur ein Aspekt angedeutet werden. Wie Tieck im

Bühnenstück den Kunstgriff der offenen Form so verwendet, als geschähe die Spielhandlung ohne sein Zutun, so erweckt Runge in seinen Scherenschnitten den Anschein, als kämen die Formen »selbstthätig« und ohne festgelegten Plan zur Welt. Überdies ist der possenhaften Verwandlungen im Gestiefelten Kater zu erwähnen – als Illustrator dieses turbulenten »Kindermärchens« hätte uns Runge eine Reihe köstlicher Scherenschnitte beschert.

Brentano hat die humoristische Konstante in Runges Erfindungskraft aufgespürt und sicher nicht zu gering eingeschätzt, als er sie einem Buchprojekt zu gewinnen hoffte, das ihm als eine Fortsetzung »altfränkischer« Bilderbücher vorschwebte. In einem Brief vom Juni 1810 sah er Runges Freude an einem solchen Buch voraus, »da es sich über alles Menschliche verbreiten kann, und vom Komischen bis in's Unendliche reicht, und in aller Jugend Hände kommen könnte«. (II,415) Der Gedankenaustausch über diese »erheiternde Nebenarbeit« (Brentano) kam nicht mehr zustande. Runge starb am 2. Dezember 1810.

Vom Komischen bis ins Übersinnliche – diese Extremkoppelung, typisches Beispiel für die Volten des romantischen Denkstils, trifft sich mit einer andern, in der Runge die Absichten seiner »Zimmerverzierungen« darlegt: in dieses »Luftige« wolle er »das Allersolideste« einpacken ... Mit seiner Formel hat Brentano die ganze Spannweite des von ihm bewunderten Maler-Denkers getroffen, dem er erst wenige Monate vorher die Kraft zur Weltschöpfung aus der Innenschau bescheinigt hatte: »... indem der Künstler sich umsehen muß in sich selbst, um das verlorne Paradies aus seiner Nothwendigkeit zu construiren.« (II,401)

Im »Tempel der Zufriedenheit« (S. 10), den vielleicht eine Vorlage anregte, steckt die erste Idee der Bildvorstellungen, mit denen sich Runge in den »Zeiten« und im »Morgen«, seinem letzten Gemälde, beschäftigte, nämlich: die symmetrische Flächengliederung, die sich am deutlichsten in den Genien und Putten wahrnehmen läßt; die das Gebäude bekrönende Gestalt – eine Aurora? –, der die Natur von beiden Seiten sich zuneigt (übrigens hatte Runge für seine »Zeiten« einen tempelartigen Sakralraum im Auge); schließlich die rahmende Blumengirlande, die aus der fünfteiligen Figurenkomposition ein Bild im Bild macht. Um den »Tempel der Zufriedenheit« versammelt sich die wiedergefundene paradiesische Anfänglichkeit. Wir sehen den Menschen bei der Arbeit und beim Vergnügen, einsam und gesellig, dort wird getafelt, da bekommt ein alter Invalide sein Teil (bei dem Ehepaar denkt man an das Gemälde von Runges Eltern), ein Pferd wird versorgt, ein Eremit betet zu Gott. Im Nebeneinander der Lebensalter deutet sich der in das Naturgeschehen eingebettete Lebenskreislauf an.

Die beiden Schwerpunkte von Runges Kunst, denen später eigenständige Themenkreise entsprechen werden, sind im »Tempel der Zufriedenheit« noch an ihrem gemeinsamen Ursprung anzutreffen: der bürgerliche Alltag und die Natursymbolik. Doch die inhaltliche Absonderung beginnt, wie unsere Auswahl zeigt, schon in den Scherenschnitten. In den Genre- und Tierszenen herrscht buntes Treiben, manchmal zu possenhaftem Durcheinander gesteigert. Manche Anregungen mag Runge aus dem Bilderfundus der populären Graphik – Daniel erwähnt den Wandsbecker Boten – und aus der Gestensprache der Schattentheater bezogen haben. Davon geschärft, hatte sein Auge (das belegen die Briefe) eine Schwäche für ausgefallene Physiognomien, zwielichtige oder kauzige Gestalten und für die triviale Situationskomik von Disputen und Balgereien. Es reizt ihn, die Gestaltsumme solcher Beobachtungen mit den Mitteln der linearen Übersteigerung festzuhalten, manchmal greift er sogar zur Karikatur. Darin befriedigt er den Zeitgeschmack, der überall nach der charakteristischen Form Ausschau hält. Da er sich die mimische Binnenzeichnung versagen muß, legt Runge seine ganze Charakterisierungskunst in den sprechenden Umriß und die lebhafte Wendung, wie er überhaupt die Gebärden aller Gliedmaßen zu beredten Zeichen der handelnden Personen macht. Auch die Tiersilhouetten verraten den schnellen, summierenden Blick für das dynamische Spiel des Körperbaues – auf eine Formel gebracht: für die Signifikanz des Momentanen.

In den Blumenschnitten bedient sich die botanische Kennerschaft einer Ökonomie der formalen Mittel, die an Ostasien denken läßt, so sehr ist das Zarte von klarer, zuweilen aphoristischer Bestimmtheit. Runge pflegt neben der unmittelbaren Studie – Frucht seiner Spaziergänge – die zum flächengliedernden Rhythmus ausgreifende Silhouette, wobei er das Ineinander von Hell und Dunkel mit feinstem Kunstverstand abzuwägen weiß. Manchmal mag er, um sich den Wuchs zu verdeutlichen, die Pflanzen in die Bildebene gepreßt haben, doch ist ihnen davon im Scherenschnitt nichts anzumerken. Sie scheinen nicht beengt, sondern ganz in ihrem Element. Als Gebilde, in denen Kunst und Natur im Sinne des Goetheschen Gleichnisdenkens übereinkommen – »Kunst: eine andere Natur; auch geheimnisvoll, aber verständlicher, denn sie entspringt aus dem Ver-

stande« –, als solche Gebilde sind diese Blumen durchgegliederte Sinnfiguren einer in sich kreisenden Vegetabilität. Es fällt auf, daß Runges ornamentaler Duktus die lineare Wachstumsrichtung oft unkenntlich macht. Wir sind Zeugen eines nicht gerichteten, sondern in sich zurückkehrenden Prozesses. Solcherart wird die Pflanze in nuce auf das zyklische Weltbild bezogen, das Runge in den »Zeiten« mit allen Registern seines organisch-geometrischen Formenapparates ausbreitet. Am deutlichsten wird das in den Faltschnitten (S. 53–55), wo er die symmetrische Entsprechung zu einer »strengen Regularität« steigert, wie sie nach seiner Meinung nur den Kunstwerken zukommt, »die recht aus der Imagination und der Mystik unsrer Seele entspringen, ohne äußeren Stoff oder Geschichte ...« (I,35). Solche Pflanzen werden, ähnlich der »Farbenkugel«, zu Modellen einer neuen Schöpfung – der Künstler denkt sich im geordneten Mikrokosmos den Keim eines Makrokosmos aus. (Goethe tat das, wenigstens im Wort, mit seiner »Urpflanze«.)
Damit sind wir, mit Brentano zu reden, vom Komischen zum Übersinnlichen vorgedrungen und auf der Bedeutungsebene angelangt, die den religiösen Kern von Runges Kunstentwurf umschließt. Als helles Wachstum verkörpern die Blumen anschauliche »Ideen«, sind sie Metaphern der gestaltenden Kraft des Lichtes, das aus der Dunkelheit hervortritt. Doch diese Finsternis ist nicht passive Folie, wie ja auch der Grund der Blumen kein bloßer Hintergrund ist, sondern, mit ihrer Gestalt aktiv verzahnt, zu den artikulierenden Impulsen, ja zum dunkelfarbigen Grund (im kreativen Wortverstand) dieses Wachstums zählt. In den Blumen gestaltet Runge die von Jacob Böhme abgeleitete Einsicht, zu der er

später in seiner »Farbenlehre« ein abstraktes System entwirft: »Wie Licht und Finsterniß die beiden unendlichen Kräfte sind, die alle Erscheinung verschlingen, so leben auch alle Dinge in denselben in ewiger Erzeugung und Auflösung.« (I, 141)

Anmerkungen

1 Verweise in Klammern beziehen sich auf die beiden Bände der von Daniel Runge herausgegebenen Hinterlassenen Schriften (Hamburg 1804–41)
2 Gustav Pauli, Ph. O. Runges Zeichnungen und Scherenschnitte in der Kunsthalle zu Hamburg, Berlin 1916, S. 44
3 Alfred Lichtwark, Philipp Otto Runge: Pflanzenstudien mit Schere und Papier, Hamburg 1895 (Hamburgische Liebhaberbibliothek, Band I)
4 Joerg Traeger, Ph. O. Runge und sein Werk. Monographie und kritischer Katalog, München 1975, S. 143
5 Vgl. G. Kowalewski, Bou-Magie und Physionotrace. Ein Beitrag zur Geschichte des Bildnisses in Hamburg. Zeitschrift des Vereins für Hamburgische Geschichte, XXII, 1918, S. 168 ff.

Verzeichnis der Bildtafeln

Bei den Abbildungen handelt es sich um Scherenschnitte – ausgenommen Seite 7–9.

14 *Tiere und Reiter.* Weiß auf dunkelblauem Papier, der Reiter braunviolett, 34,5:20,7 cm. Inv. 34334

15 *Genreszenen* (Reiter, spielende Knaben mit Peitsche, Tiere). Weiß auf dunkelblauem Papier, 35,0:21,5 cm. Inv. 34321

16 *Blick auf Hamburg.* Weiß auf hellgrünem Papier, 11,5:21 cm. Inv. 1916/137

17 *Tierszenen.* Weiß auf hellblauem Papier, 25:32,3 cm. Inv. 34336

18 *Rosenzweig und Jasminzweig.* Weiß auf graublauem Papier, 38:30 cm. Inv. 1938/191 u. 192

19 *Genreszenen* (Haus, Kinder mit Steckenpferd). Weiß auf hellblauem Papier, 32,0:24,5 cm. Inv. 34326

20 *Genreszenen mit David und Goliath;* vier Profilköpfe. Weiß und schwarz auf hellblauem Papier, 32,1:24,8 cm. Inv. 34337

21 *Zwölf Köpfe und ein Redner.* Weiß und schwarz auf hellblauem Papier, 32,0:25,2 cm. Inv. 34335

22 *Genreszenen,* darunter ein Bärenführer. Weiß auf hellblauem Papier, 32,2:25,0 cm. Inv. 34325

23 *Genreszenen* (Schüler und Lehrer, Balgereien, Reiter, Knochenmann und Frau). Weiß auf hellblauem Papier, 24,9:32,2 cm. Inv. 34331

24 *Tierszenen.* Weiß auf hellblauem Papier, 32,2:25,0 cm. Inv. 34322

25 *Sechzehn Hunde.* Weiß auf hellblauem Papier, 32,1:24,5 cm. Inv. 34332

26 *Ein Mann, alte Frauen und Haustiere.* Weiß auf hellblauem Papier, 35,3:21,5 cm. Inv. 34327

27 *Genreszenen* (Männer im Gespräch, bei der Arbeit; ein Raucher). Weiß auf hellblauem Papier, Federspuren in der Binnenzeichnung, 32,2:25,6 cm. Inv. 34328

28 *Verschiedene Tiere.* Weiß auf hellblauem Papier, 32,0:25,0 cm. Inv. 34324

29 *Genreszenen* (Raucher, Reiter, Putten u. a.). Weiß auf hellblauem Papier, 34,5:26,0 cm. Inv. 34323

30 *Drei Schafe.* Weiß auf braunem Packpapier, 21,5:16,3 cm. Inv. 1926/141 u. 140

31 *Hahn und Henne.* Weiß auf braunem Packpapier, 21,7:16,2 cm. Inv. 1916/143 u. 142

32 *Seifenkraut oder Levkoje.* Weiß auf grauviolettem Papier, 33,5:18,5 cm. Inv. 1915/735

33 *Kornblume.* Weiß auf grauviolettem Papier, 33,5:18,5 cm. Inv. 1915/1033

34 *Glockenblume oder Fingerhut.* Weiß auf grauviolettem Papier, 33,5:18,5 cm. Inv. 1915/732

35 *Narzisse.* Weiß auf grauviolettem Papier, 33,5:18,5 cm. Inv. 1915/713

36 *Hahnenfuß.* Weiß auf grauviolettem Papier, 33,5:18,5 cm. Inv. 1915/725

37 *Feldmohn.* Weiß auf grauviolettem Papier, 33,5:18,5 cm. Inv. 1915/722

38 *Tulpen.* Weiß auf blaugrauem Papier, 36,0:29,7 cm. Inv. 1938/188 u. 189

39 *Zwei Blumen* (Johannisbeere?). Weiß auf blaugrauem Papier, 36,0:29,7 cm. Inv. 1938/190 u. 193

40 *Tulpe.* Weiß auf grauviolettem Papier, 33,6:18,4 cm. Inv. 1915/716

41 *Schlafmohn.* Weiß auf grauviolettem Papier, 33,3:18,4 cm. Inv. 1915/724

42 *Diptam* (?). Weiß auf grauviolettem Papier, 33,3:18,4 cm. Inv. 1915/723

43 *Lilie.* Weiß auf grauviolettem Papier, 33,3:18,5 cm. Inv. 1915/729

44 *Nelke.* Weiß auf grauviolettem Papier, 33,5:18,5 cm. Inv. 1915/726

45 *Nelke.* Weiß auf grauviolettem Papier, 33,5:18,5 cm. Inv. 1915/727

46 *Windenblattranke.* Weiß auf grauviolettem Papier, 33,5:18,4 cm. Inv. 1915/719

47 *Cayennepfeffer.* Weiß auf grauviolettem Papier, 33,5:18,4 cm. Inv. 1915/731

48 *Johannisbeere.* Weiß auf grauviolettem Papier, 33,5:18,5 cm. Inv. 1915/712

49 *Rosenstrauch.* Weiß auf grauviolettem Papier, 19,0:34,0 cm. Inv. 1915/717

50 *Feuerlilie.* Weiß auf grauviolettem Papier, 33,5:18,5 cm. Inv. 1915/720

51 *Hopfenranke.* Weiß auf grauviolettem Papier, 33,5:18,5 cm. Inv. 1915/718

52 *Blattstaude und Feuerlilie.* Weiß auf schwarzem Papier, 76,3:59 cm. Inv. Gem. Galerie 2031

53 *Tulpe.* Faltschnitt, weiß auf schwarzem Papier, 19,5:26,0 cm. Inv. 34339

53 *Glockenblume.* Faltschnitt, weiß auf schwarzem Papier, 19,5:26,0 cm. Inv. 34338

54/55 *Rose.* Faltschnitt, weiß auf bräunlichem Papier, Bez. (von Daniels Hand?): Otto Runge fec. Hamburg, Privatbesitz. 22:28 cm auf 47,2 x 33,8 cm.